MW01130179

Nuestra clase es una Familia

Escrito Por
Shannon Olsen

Illustrado Por
Sandie Sonke

2020 Orange County, California.
ISBN: 978-1-7354141-0-2
Derechos de autor del texto: Shannon Olsen. Todos los derechos reservados.
Derechos de autor de las ilustraciones: Sandie Sonke. Todos los derechos reservados.

Para
Maddie y Emma
y
para Cole y Annabel

Cuando piensas en una familia,
tal vez la imaginas en una casa:

una mamá, un papá, unos niños,
sus perros y un ratón que por allí pasa.

Quizá piensas en una abuela,

en un padrastro o en una madrastra.

Podrías pensar en esos 14 primos

o incluso en la loca de tu hermanastra.

Pero la familia no tiene por qué ser solo los parientes.

Pueden ser otras personas especiales que te quieren y tú lo sientes.

¿Alguna vez has pensado en dónde
pasas la mayor parte de las horas?
Es en la escuela con todos nosotros.
¡Es aquí donde tú tanto exploras!

Entonces, si nuestra clase es el lugar
donde nuestros días pasamos,

¿por qué no convertirla también
en el hogar que habitamos?

Es un lugar donde podemos
mostrar respeto y cariño a los demás,
un lugar donde podemos ser nosotros mismos,
donde crear nuevos recuerdos podrás.

Tendremos cosas en común,
esas son las relaciones que buscaremos.

Pero también celebraremos nuestras diferencias,
y todo aquello en lo que destaquemos.

Nuestra clase es un refugio especial,
donde podemos cometer errores.

Aprendemos de ellos y lo intentamos
otra vez, sin importar los temores.

Todos tendremos días difíciles a veces,
pero los maestros están aquí para ayudarte.

Y mientras seas amigo de los demás,
tus compañeros también querrán animarte.

En esta clase de
cuatro paredes,
uno al otro
nos apoyaremos.

En días soleados
y en días lluviosos,
a aprender y a crecer
nos ayudaremos.

Así que recuerda siempre:
un gran equipo podemos ser aquí.
Tú nos apoyas, nosotros te apoyamos.
Esta clase será una familia para ti.

Sobre la autora

Shannon Olsen es maestra de segundo grado en el sur de California y tiene una maestría en Educación de la Universidad de California, en Irvine. Le encanta viajar y pasar tiempo con su esposo, Jeff, y sus dos hijas, Madeline y Emma. Shannon escribe un blog sobre educación primaria en lifebetweensummers.com y le encanta crear materiales para que los maestros puedan utilizarlos en sus clases.

Sobre la ilustradora

Sandie Sonke también es originaria del sur de California y tiene una licenciatura en Artes Visuales de la Universidad Estatal de California, en Fullerton. Le encanta el café y le gusta mucho cocinar, y entre los diversos papeles que desempeña, su favorito es el de ser madre. Sandie ha publicado varios libros infantiles. Se puede encontrar más información sobre su trabajo como ilustradora en www.sandiesonkeillustration.com.

Made in the USA
Las Vegas, NV
11 August 2023

75947793R00019